AF297951

CATALOGUE

PARTICULIER

DES

DROGUES

Dédié à Mr ANDRY.

Par Monsieur L. C. * * *

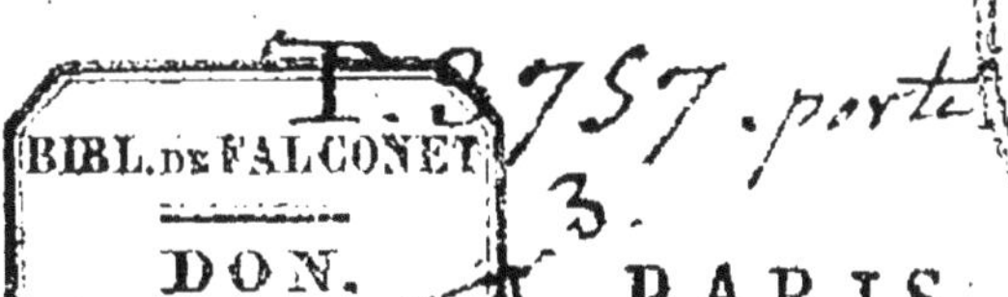

A PARIS.

M. DCCI.

A MONSIEUR

ANDRY.

MONSIEUR,

COMME toutes les Drogues que j'ay mises dans ce Catalogue se trouvent chez vous, & que j'en dois la connoissance à l'avantage que j'ay d'estre à vostre service depuis prés de douze années, je n'ay pas crû pouvoir honnêtement me dispenser de vous le dédier : Je sçay trop combien vous l'emportez sur tous les autres Droguistes, pour ne vous pas rendre

dans une occasion si favorable tou-
te la justice qui vous est deuë;
puisque vous avez des drogues
que quelques uns de vos Confre-
res qui en ont fait des Traitez,
ont crû ne se pouvoir plus trou-
ver : Ce que je suis en état de
prouver par la démonstration du
Droguier que vous m'avez per-
mis de faire, & qui se trouvera
conforme au présent Catalogue.
Je suis,

MONSIEUR,

Voftre tres-humble &
tres-obéiffant ferviteur.
N. L. C. * *

CATALOGUE
DES
DROGUES.

Des Racines.

 CORUS verus , dit *Calamus aro-maticus.*
Angelique de Boëme.
Angelique de Iardin.
Angelique de Montagne.
Anthora.
Aristoloche clematite.
Aristoloche longue.
Aristoloche ronde.
Aristoloche tenuis , ou *petite Aristoloche.*
Azarina, ou *faux Azarum.*
Azarum , dit *Cabaret, Nard sauvage , Oreille* d'homme.
Behen blanc.
Behen rouge.
Bistorte.

Brione ou *Couleurée*, *faux Jalap*.

Capeba.

Carline blanche, Carline noire, dit *Cameleon*, *Chardonnette*.

Contrahierva.

Coſtus amere, dit *indic*.

Coſtus arabicus.

Coſtüs doux.

Cylemtam.

Doronic Romain.

Drakena.

Ellebore blanc, dit *veratrum*.

Ellebore noire.

Elleborine, *faux Ellebore noire*.

Eſquine fine, dit *Raeine de Chine*.

Eſquine legere, *fauſſe Eſquine*.

Eſule.

Galanga.

Gros Galanga, appellé fauſſement *Acorus verus*.

Gentiane.

Gingembre.

Gingembre confit

Hermodacte.

Jalap.

Ierubet.

Imperatoire, dit *Autruche*.

Ipecacuana blanc, Ipecacuana doux, Ipeca-cuana gris, Ipecacuana noir, dit *Beculo*, *Mine d'or*.

Iris de Florence.

Iris noſtras, ou *Flambe*.

Iaribeba.

Mechoacam, dit *Rubarbe blanche*, *Scamonée de l'Amerique*.

Meun.
Napellus.
Oygnons de fcille.
Orcanette, dit *Racine d'Anchufa.*
Orcanette de Levant.
Pajé merioba.
Pain de pourceau, dit *Cyclamen.*
Pentaphillum, dit *Quintefeüille.*
Peone mâle.
Pereïra-brava.
Piretre, dit *Racine falivaire.*
Piretre d'Alexandrie, dit *Pied d'Alexandrie.*
Polipode de chefne.
Rapontic de Iardin.
Rapontic de Levant.
Reglifle.
Rubarbe de l'amerique.
Rubarbe de moine.
Rubia Tintorum, dit *Garance de zelande.*
Sarfepareille.
Sarfepareille de Marignan, *fauffe farfepareille.*
Souchet long, Souchet rond, dit *Cyperus.*
Taptia, *Tapfic, Turbith bâtard.*
Terra merita, dit *Curcum, Safran, Souchet des Indes.*
Thymelea, dit *Garou.*
Thymelea faux.
Thoras.
Tormentille.
Turbith entier.
Turbith mondé
Valeriane, *grande & petite.*
Vincetoxicum, *Dompte-venins, fauffe viperine.*
Viperine, *Virginie, Serpentaire virginienne.*

Zédoas.
Zerumbeth.

Des Bois.

BOis d'Aloës , dit *Agalochum.*
Bois d'Aigle , *deux sortes,*
Bois d'Aspalatte.
Bois de Baume , dit *Xilo-balsamum.*
Bois de Bresille , dit *de Frenanbour.*
Bois de Calambour.
Bois de Cedre , *de Jasmin , de Chandelle,*
Bois de Citron.
Bois de Corail.
Bois de Couleuvre.
Bois d'Ebene.
Bois de Fer.
Bois de Fustet.
Bois de Gaiac , dit *Bois saint.*
Bois de Genevre.
Bois d'Inde , dit *de Campeche de Jamaïque.*
Bois de Lentisque.
Bois Nefretique.
Bois Nefretique faux.
Bois de Rode , dit *Rose.*
Bois de sainte Lucie , dit *Mahalep,*
Bois de Santal blanc.
Bois de Santal citrain.
Bois de Santal rouge.
Bois de Saffafras , dit *Pavane.*
Bois de Sumac.
Bois de Tambac.
Bois de Tamaris.
Bois de Violette , dit *de Polixandre.*
Batons de Sené.

Des Roseaux.

CAlamus verus.
Canne à Sucre, dit *Cannamelle*. On en tire
la *Moscoüade grise*, laqnelle à force d'être clari-
fiée avec des blancs d'œufs on en fait le Sucre en
pain Royal, Candy, d'Orge, & Alphenix dit
Penide.
Tambouc.

Des Ecorces.

CAnelle blanche, dit *Costus corticosus.*
Canelle fine, dit *Cinnamum.*
Canelle malte.
Canelle de Milan.
Canelle giroflée, dit *Bois de Gerofle & de Crabe.*
Cassia ligna.
Ecorce d'Autour.
Ecorce du bois de Tamaris
Ecorce de Citron seche.
Ecorce de Gayac, dit *de Bois saine.*
Ecorce de Grenade.
Ecorce d'Orange seche.
Ecorce de racine de Cappe.
Ecorce de racine d'Esule.
Ecorce de racine de Diptam, dit *Fraxinelle.*
Ecorce de racine de Mandragore.
Ecorce de Sassafras.
Liege blanc & noir.
Quinquina.

Des Feüilles.

ANil, *c'eſt de cette feüille qu'eſt tiré l'inde & l'indigot.*

Betoine.

Capillaires de Canada.

Cœterac.

Camedris, dit *Germandrée, petit cheſne.*

Chamœpetis., dit *Ivette.*

Corail blanc.

Corail rouge.

Coraline, dit *Mouſſe marine & Brion.*

Dictam crette.

Epityme de Candie, de Veniſe, dit *Cuſcutte.*

Eponge.

Folium indum, ou *Malabathrum, feüille in-dienne.*

Fonicule de Sené.

Ions odorants, dit *Schœnante.*

Kaly, dit *Salicotte* ou *Alum-catin, c'eſt de cette feüille brûlée qu'on fait la Soude, & c'eſt avec la leſſive de la ſoude, de groſſe huile d'olive, de l'amidon & de l'eau de chaux que l'on fait le Savon.*

Madrepore, *faux Corail blanc.*

Maocheta, *Thée des infirmes*

Marruble blanc,

Marum.

Paſtelle, *Gueſde.*

Prelle, *Queüe de cheval.*

Sauge d'Italie.

Sené de Levant. *de la Palte de Seide.*

Sené d'Alexandrie, *de Tripoly.*

Sené de Mocca, *de la Pigne.*

Soldanelle , dit *Choux marin.*
Tabac , dit *Petum , Nicoiian , herbe à la Reine.*
Thé.
Vulneraires.

Des Fleurs.

Balauftes de Levant, *fleur de Grenadier fauvage.*
Bifnague.
Calamanthe.
Centaurée,
Fleurs de Garance , *Sumac.*
Fleurs de grenade de Jardin, *fauffes Balauftes.*
Fleurs de Mufcade , dit *Maeis.*
Fleurs de pied de Chat,.
Fleurs de Sené.
Fleurs de Schœnante..
Fleurs de Thé , dit *Chaa.*
Nard de Montagne.
Polium montanum.
Rofe de Provins , *petites & grandes.*
Rofe rouge des environs de Paris.
Safran d'Allemagne.
Safran bâtard , *fleurs de Carthame,*
Safran gâtinois.
Safran d'orange.
Safranum.
Spica celtica , *Nard celtique.*
Spic , *Nare de Levant.*
Stœcas arabique.
Stœcas citrin.
Violles.

Amandes d'abricots.
Amandes ameres.
Amandes en cocqne.
Amandes douces , *du Comté de Chinon , d'Espa-*
  gne , de Languedoc·
Amum racemosum , Amome en grappe.
Anacardes
Ananas.
Arcajou , dit *Anacarde antartique·*
Avelines.
Ben.
Cacaos de caracque , *gros & petit.*
Caffé , *coffé , caoüa.*
Cappe de Gennes , *& de Nice.*
Carpo-balsamum , *fruit de baume.*
Casse confite.
Casse des Isles.
Casse des Indes.
Casse d'Egypte dit , *de Levant.*
Cocque de Levant.
Cocos·
Coloquintes.
Cotton·
Courbary·
Cubebes.
Dactes.
Farines.
Figues de Marseille.
Figues violettes.
Gerofle.
Gerofle confit.
Gerofle royal.
Gland.

Jujube litchy.

Magalep, ou *mahaleb*.

Maniguette, *graine de Paradis*, *grand carda-mum*.

Mirabolans belleris.

Mirabolans chebulles.

Mirabolans citrins, ou *jaunes*.

Mirabolans emblics.

Mirabolans indiens, ou *noirs*.

Mirabolans confits.

Muscade.

Muscade confite,

Muscade mâle, ou *sauvage* dit *Azerbes*.

Noix de cyprés.

Noix de galle, *d'Alep*, *de Tripoly*.

Noix de galle, *de Gascogne*, *de Provence*.

Noix de Madagascar, *fruit-du-bois de gerofle*, *bois d'Inde*.

Noix vomic.

Olive.

Petit Cardamum.

Pignons de Birbarie.

Pignons d'Inde, dit *Ricins*.

Pignons doux, *Pignolas d'amande de pomme de Pin*.

Pistache.

Poivre blanc.

Poivre de guinée, *corail de jardin*, *poivre de Bre-sille*, *poivre d'Inde*.

Poivre long,

Poivre long de l'Amerique.

Poivre noir.

Poivre de thevet, *appellé en Hallande Amomum racemosum*.

Poix chiche.

Poix rouge d'Inde.
Pomé de favon.
Raifins de Corinthe.
Raifins de Damas.
Sebefte.
Tamarins en grappe.
Tamarins de Levant.
Vanilles.

Des Gommes & Refines, c'eft-à-dire ce qui fort des arbres avec incifion & fans incifion,

Agaric.
Agaric de Levant.
Agaric de Savoye.
Arcanfon, *Bray fec.*
Affa fœtida.
Affa fœtida en larme.
Baume blanc.
Baume copaü.
Baume de Judée.
Baume du Perou, *noir.*
Baume rouge, dit *Tolu.*
Baume fec en cocque.
Benjoin.
Benjoin fin.
Benjoin en larmes.
Bijon, *Terebentine fine.*
Camphre brutte.
Camphre rafiné.
Cancamum.
Cire des Indes, dit *d'Efpagne.*
Colophone.
Encens blanc, *galibot. gomme de Pin, bara?*

Encens mâle, dit *Oliban.*
Encens marbré ; *faux benjoin.*
Euphorbe.
Galbanum.
Galbanum liquide..
Galbanum en larme.
Glu, *gomme de Houx.*
Gomme adragan blanche.
Gomme agaloufy, *faux Bdellium.*
Gomme ammoniac.
Gomme ammoniac en larme.
Gomme animée.
Gomme arabique.
Gomme caragne.
Gomme copal d'Orient.
Gomme copal de l'Amerique, dit *carabé blanc.*
Gomme elemy.
Gomme elemy fauffe.
Gomme de gayac.
Gomme de genevrier, *fanderac.*, *vernis.*
Gomme de gomier, dit *chibou.*
Gomme laque en bâtons.
Gomme laque en grain.
Gomme laque platte ; *fonduë.*
Gomme de liérre, dit *hederæ.*
Gomme tacamaca en cocque.
Gomme tacamaca en maffe, en larme.
Gomme tacamaca en rofeau
Gomme turique
Gomme vermiculée.
Liquidambar.
Manne, *de Briançon, de Calabre, du mont S. Ange, de Sicile.*
Manne commune, *graffe.*
Manne en larme.

Manne en larme falcifiée.
Maftic en larme.
Myrrhe.
Myrrhe en larme, *Unglée giaffe*.
Oliban.
Oliban de la Compagnie , *Encens de Mocca,*
Oliban en larme.
Opoponax.
Oreille de Juda.
Poix blanche , *de Bourgogne graffe,*
Poix noire.
Poix refine.
Sang dragon commun.
Sang dragon de Canarie.
Sang dragon en larme , en rofeau.
Sang dragon fin en maffe.
Sarcocolle , *Collechaire,*
Storax.
Storax en larme.
Storax liquide.
Storax en forte , *la pouffiere n'eft que fiure de bois,*
Tarc , *goudran , bray liquide.*
Terebentine de Chio.
Terebentine commune, *groffe.*
Terebentine d'épice.
Terebentine de Venife.

Des Sucs.

Accacia germanica.
Accacia vera.
Aloës cabalin.
Aloës hepatique.
Aloës fuccotrin.
Cachou , dit *terre.*
Hipociftis.
Jus de Requeliffe.

Opion.
Roucou.
Scamonée d'Alep.
Scamonée de Smirne.
Verd de veſſie.
Reſine de Scamonée.
Reſine de Jalap.

Des Graines ou Semences.

D'Agnus caſtus , *petit poivre , poivre ſauvage,*
D'Ambrette , *graine muſquée.*
D'Aammi , *Ammeos.*
D'Aneth.
D'Anis , *fenüille doux , ſon huile.*
D'Angelique.
D'Aſperge.
D'Avignon , *grainette , graine jaune ; auec une eſ-*
pece de marne, & un peu d'aluu on en fait le ſti-
le de grain.
De Bardame , *de gletteron , d'herbe aux teigneux,*
De Carthame , ou *de ſafran bâtard.*
De Carvi.
De Cellery.
De Centaurée.
De Chardon benit.
De Chermes , dit *d'écarlate. La lacque , lacque de*
Veniſe , tonrneſol en cotton , en drapeaux , con-
fection d'alcherme , ſirop d'alpherne en ſont faites,
De Choüan.
De Choux fleurs.
De Citron.
De Citroüille.
De Coing.
De Coloquinte, dit *pepin.*

De Concombre.
De Coriande.
De Cotton.
De Courge.
De Cumin, *anis acre.*
De Cuscutte, *goutte de lin.*
De Daucus de Crerte.
De Fenoüille.
De Fenu-grec.
De Frêne, *langue d'oiseau,*
De Galega.
De Geuevre, dit *baye,* *son huile.*
De Geneft.
De Laituë.
De Lin, *son huile.*
De Laurier, *son huile.*
De Lupins,
De Luferne.
De Mauve.
De Milium folis *graine perlée.*
De Myrth, ou *Mirthille.*
De Moutarde.
De Navais.
De Navette, *son huile.*
De Nielle, ou *Nigelle romaine.*
D'Orange,
D'Orobe.
D'Ortie.
D'Ofeille.
De Palma Chrifti, *faux pignons d'Inde.*
De Pavot blanc.
De Pavot noir.
De Peone.
De Perfil macedoine.
De Pimprenelle,

De petit Houx.
De Pourpié.
De Raifor.
De Saxifrage.
De Semen contra, *poudre à vers*, *femence contre
les vers*, *Sentoline*, *Semencine*, *Barbotine*.
De Seffelide Marfeille.
De Stafifagre.
De Thlafpi.
De Violette.

Dee Terres.

Bol d'Armenie.
Bol de Levant.
Bol de plufieurs couleurs, *Broüellamin*.
Ocre jaune.
Ocre Rouge.
Terre ampelite, *pierre noire.*
Terre de Cologne.
Terre de Lemnos.
Terre d'Ombre.
Terre de Perfe, *rouge d'Angleterre.*
Terre figillée de Blois.
Terre figillée de Levant.
Terre verte.
Tripoly de Venife.

Des Bitumes.

Ambre blanc, dit *Karalée.*
Ambre gris.
Ambre jaune, *Karabée*, *Succin.*
Ancre de *la* Chine.
Afpaltum commun, *Goudran de Venife.*

Afpaltum fin , *Bitume de Judée.*
Charbon de terre.
Gêft , ou *Jayes.*
Huille de petrolle blanche.
Huille de petrolle noire.
Jaune de Naple.
Naftha.

Des Animaux de terre & de ce qui en eft tiré.

Axonge d'Ourfe , Axonge de Vipere , ou *graiffe.*
Befoard de Bœuf , dit *pierre de fiel.*
Befoard Occidental.
Befoard Oriental,
Befoard de Porc-epic.
Cire blanche.
Cire jaune.
Civette.
Cochenille.
Colle d'Angleterre.
Colle de Flandre.
Corne de cerf brûlée.
Crane humain.
Ivoire brulée , *Spode.*
Huile de de fcorpion.
Labdanum.
Labdanum liquide.
Labdanum en tortis.
Mars de mouche.
Mielle.
Miel de Narbonne.
Miel de Provence.
Moëlle de cerf.
Mouches cantarides.

Mumie.
Mufc.
Oëfipe.
Os de cœur de bœuf.
Os de cœur de cerf.
Paftille de vipere.
Pied d'Elan.
Rapure de corne de Cerf.
Rapure d'Ivoire.
Roignons de Caftor de Canada.
Roignons de Caftor de Levant.
Scorpion.
Sel armoniac.
Soye cruë, *cocque de vers à foye.*
Suif de Bouc.
Suif de Cerf.
Vipere fec.
Vipere vif.
Ufnée.

Des Animaux de Mer.

Antallée.
Blanc de Baleine, dit *Sperme, nature.*
Blatta bifantia.
Colle de poiffon.
Dantallée.
Enetrita.
Huile de Baleine.
Huile de poiffon.
Huile de Tortuë.
Nacre de perle, *Mer de perle.*
Nombril marin, *Vmbilicus.*
Os de Seche.
Perle d'Ecoffe.

Perle Occidental.
Perle Oriental.
Porcelaine , *Chapelet, Pucelage.*
Roignons de Rat de mer ou musqué.
Stinc marin.
Unguis odoratus.
Yeux d'Ecrevisses.

Des Mineraux & de ce qui en est fait que nous vendons communement.

Acier , dit *Mars : On en fait la limaille , le safran de Mars aperitif , le safran de Mars astringent.*
Alum : *On en fait l'alum blanc , dit de roche , de glace , l'alum rouge , dit de Rome , l'alum brûle ou calciné , l'alum de plume , l'alum succarin.*
Antimoines : *On en fait l'antimoine mineral d'Auvergne , de Bretagne , de Poitou , l'antimoine fondu dit cru , des mêmes pays , l'antimoine mineral d'Hongrie , l'antimoine diaphorique , le cinabre d'antimoine , la fleur d'antimoine , poix d'antimoine dit crocus metallorum , poudre imperialle , le regule d'antimoine , le regule d'antimoine avec le mars , le vert d'antimoine.*
Arcenic
Arcenic cristallin.
Argent , *argent en feüille , pierre infernalle.*
Borax naturelle gras.
Borax rafiné , dit *de Venise.*
Couperose ou Vitriolle : *On en tire la couperose d'Allemagne verte , la couperose d'Angleterre , la couperose blanche, la couperose d'épice , l'esprit de vitriolle , l'huile de vitriolle , le vitriolle d'Hongrie , ou cypre . le vitriolle romain , le vitriolle rubifié , dit coleotar de virriolle.*
Vitriolle mineral , dit *calcitis.*

Cuivre : *On en fait l'afuftum d'Hollande* dit *cuivre brûlé, l'afuftum de Venife, l'avanturine, le pompholix,* dit *calamine blanche, la tuthie d'Alexandrie, le verd de gris ou verdet, le verd de gris calciné,* dit *verdet criftalifé. le verd de montagne.*

Eftain : *On en tire l'eftain battu en feüille de toutes couleurs, l'eftain de glace,* dit *bifmuth, le bifmuth préparé,* dit *blanc de perle, lémail bleu &* d'autres couleurs..

Or battu.

Orpin jaune ou *orpiment.*

Orpin jaune en écaille doré.

Orpin rouge, ou *arfenic.*

Plomb : *On en tire le plomb mineral,* dit *alquifoux, le plomb brûlé, le blanc de plomb en écaille, la cerufe,* ou *chaux de plomb, la cerufe de Venife, le litarge d'argent, le litarge d'or, la mine de plomb noire, la mine de plomb noire fine crayon, la mine de plomb rouge, le mafcicot blanc, doré, jaune,* dit *le blanc de plomb calciné., le fel de plomb,* dit *de faturne.*

Saphre.

Salpetre, dit *nitre : On en tire le criftal mineral, l'efprit de nitre, le fel de nitre, le fel policreffe.*

Sel gemme.

Soufres : *On en tire le foufre mineral, le foufre en canon jaune, vert, le foufre jaune en larme, le foufre vif, le baume de foufre, l'efprit de foufre, la fleur de foufre l'huile de foufre, le fel de foufre.*

Vif argent, ou *mercure cru : On en tire le cinabre artificiel, naturel ou mineral trois fortes, le mercure doux,* dit *aquila alba, fublmé doux, la panacée, le precipité blanc, rouge, le fublimé corrofif. le vermillon.*

Craye de Briançon blanche , verte.
Criſtal de roche.
Emeraudes.
Emery.
Emery d'Eſpagne.
Emery rouge.
Ferette d'Eſpagne.
Grenaſt.
Hyacinte.
Hyacinte commune , dit *jargons.*
Jade.
Jaſpe.
Marcaſſitte d'or , d'argent , de cuire.
Perelle.
Perigueux.
Pierre d'aigle de trois ſortes.
Pierre d'aymant.
Pierre d'aymant blanc.
Pierre d'albâtre.
Pierre ametiſte.
Pieere amiante.
Pierre d'Armenie.
Pierre aſſienne.
Pierre d'azur.
Pierre belemitte , dit *linx.*
Pierre de Boulogne.
Pierre de crapau , dite *crapaudine.*
Pierre ematites.
Pierre d'éponge.
Pierre étoilée.
Pierre d'Hirondelle.
Pieree judaïque.
Pierre nefretique.

Pierre de ponce.
Rubis. *sanguine*
Sophir.
Tale de Moscovie , de Venise.
Topaze.

On tire du Vin.

L'eau de vie. *Esprit de vin*
La Gravelée.
Le Tartre blanc , rouge
La Crême de tartre.
L'Huile de tartre.
Sel de tartre.
La Potasse.
Le Sel vegetal.

Choses omises.

Amidon.
Angelique confite.
Cassonnade de Bresille.
Cassonnade de Cayenne,
Cassonnade grise.
Chocolat.
Cire verte.
Confection d'Alcherne,
Confection hyacinte.
Eau forte.
Eau de Plantain.
Eau-rose.
Encens mêlé.
Esprit de sel.
Esprit de sel armoniac.
Esprit de Therebentine.
Fines épices.
Grabeau de poivre , de sené.

Huile d'amandes ameres.
Huile d'amandes douces.
Huile d'anis.
Huile d'anis fauſſe.
Huile d'aſpic.
Huile d'aſpic fauſſe.
Huile de Ben.
Huile de bois de Roſe , dit *Rhodium*.
Huile de canelle.
Huile de cade.
Huile de carabé , dit *ſuccin*.
Huile de chenevis.
Huile de cire.
Huile de fœnoüille
Huile de gayac.
Huile de genevre.
Huile de gerofle.
Huile d'hyſope.
Huile de laurier.
Huile de lin.
Huile de macis.
Huile de muſcade.
Huile de navette.
Huile de noix.
Huile de noix tirée ſans feu.
Huile d'œuf.
Huile d'olive.
Huile de palma chriſti.
Huile de palme.
Huile de poix.
Huile de romarin.
Huile de ſabine
Huile des ſemences froides;
Huile de ſtafizagre.
Huile de therebentine.

Inde.
Inde en marons.
Inde platte.
Indigo.
Indigo gatimalo.
Lacque.
Lacque de Venife.
Marons.
Metridat.
Nids d'oyfeauv.
Pafte d'amande.
~~Perolle.~~
Potée.
Poudre de vipere.
Quatre femences froides.
~~Saphir~~
Savon d'Alican.
Savon de Gayete.
Savon de Gefne.
Savon de Marfeille.
Savon noir.
Sel d'abfinthe.
Sel alcali.
Sel de chardon benit.
Sel de chicorée.
Sel de thamariffe.
Sel de verre.
Soude.
Soude d'Alican.
Sucre candy blanc.
Sucre candy jaune.
Sucre candy rouge.
Sucre d'orge.
Sucre royal.
Theriac.

Theriac de Venise.
Tournesol.
Tournesol en drapeau.
Vernis.
Vessie de Musc.

FIN.

Il est bon d'avertir ceux qui liront ce Catalogue que je n'ay pas prétendu comprendre genelement toutes les drogues, mais seulement celles qui se vendent actuellement chez Monsieur Andry; Si l'ordre n'y est pas suivi aussi exactement qu'ils le pourroient souhaitter, ils doivent aisement le pardonne à un homme qui n'a aucune teinture des belles lettres.